Da educação das crianças

O livro é a porta que se abre para a realização do homem.

Jair Lot Vieira

PLUTARCO

DA EDUCAÇÃO DAS CRIANÇAS

TRADUÇÃO, INTRODUÇÃO E NOTAS
MARIA APARECIDA DE OLIVEIRA SILVA

Graduada em História, Mestre em História Econômica
e Doutora em História Social (USP)
Pós-Doutora em Estudos Literários (UNESP)
Pós-Doutora em Letras Clássicas (USP)

Copyright da tradução e desta edição © 2015 by Edipro Edições Profissionais Ltda.
Todos os direitos reservados. Nenhuma parte deste livro poderá ser reproduzida ou transmitida de qualquer forma ou por quaisquer meios, eletrônicos ou mecânicos, incluindo fotocópia, gravação ou qualquer sistema de armazenamento e recuperação de informações, sem permissão por escrito do editor.

Grafia conforme o novo Acordo Ortográfico da Língua Portuguesa.

1ª edição, 1ª reimpressão 2021.

Editores: Jair Lot Vieira e Maíra Lot Vieira Micales
Coordenação editorial: Fernanda Godoy Tarcinalli
Produção editorial: Fernanda Rizzo Sanchez
Tradução, introdução e notas: Maria Aparecida de Oliveira Silva
Revisão: Erika Horigoshi
Projeto gráfico e editoração eletrônica: Estúdio Design do Livro
Capa: Karine Moreto de Almeida
Adaptação de capa: Estúdio Design do Livro

Dados Internacionais de Catalogação na Publicação (CIP)
(Câmara Brasileira do Livro, SP, Brasil)

Plutarco,
  Da educação das crianças / Plutarco ; tradução, introdução e notas Maria Aparecida de Oliveira Silva. – São Paulo : Edipro, 2015.

  Bibliografia.

  ISBN 978-85-7283-907-5

  1. Filosofia grega antiga I. Silva, Maria Aparecida de Oliveira. II. Título III. Série.

14-13199   CDD-180

Índice para catálogo sistemático:
1. Filosofia grega antiga : 180

São Paulo: (11) 3107-7050 • Bauru: (14) 3234-4121
www.edipro.com.br • edipro@edipro.com.br
@editoraedipro   @editoraedipro

SUMÁRIO

INTRODUÇÃO, 7

Plutarco e as virtudes da virtude: Platão como modelo, 9

Sobre a obra, 19

DA EDUCAÇÃO DAS CRIANÇAS, 33

BIBLIOGRAFIA, 91

Introdução

Plutarco e as virtudes da virtude: Platão como modelo

Embora tenha nascido no século I d.C., em plena época da dominação romana sobre a Grécia, Plutarco se mantém fiel à tradição literária de seus antepassados, pois seu modelo pedagógico contempla preceitos já encontrados em Homero, Hesíodo, Aristóteles e outros. No entanto, será em Platão que nosso autor irá buscar grande parte de sua inspiração para elaborar sua concepção de educação. Como notou Frazier, Plutarco revela quatro virtudes basilares para a formação de um homem virtuoso, são elas: a coragem, a inteligência, a justiça e a temperança[1]. Três dessas virtudes,

---

[1] Françoise Frazier. *Histoire et morale dans les vies parallèles de Plutarque.* Paris: Les Belles Lettres, 1996, p. 173.

Plutarco já as prescreve em seu tratado *Como um jovem deve escutar poesia*, no qual o aconselha a "escutar as declamações que o conduzam à coragem, à temperança e à justiça" (30E). Quanto à inteligência, no prefácio à biografia de Demétrio, o autor afirma:

> As mais perfeitas das artes são a temperança, a justiça e a inteligência, que são discernidas não somente pelas coisas belas, justas e úteis, mas também pelas nocivas, vergonhosas e injustas. Elas não consentem a inexperiência do mal que se vangloria da ausência de maldade, mas a consideram tolice e ignorância do que é mais conveniente conhecer para que se viva corretamente.
>
> *Vida de Demétrio I, 4-5*

Tais virtudes nos remetem ao dito por Platão em *A República*, quando culpa os sofistas pelo ensino de atos injustos, propondo a Gláucon que discurse em favor das quatro virtudes essenciais: a sabedoria, a coragem, a temperança e a justiça.

– Estás a falar sem sentido – disse Gláucon. – Pois prometeste que tu é que havias de investigar a título de que não seria piedoso, da tua parte, não socorrer a justiça com toda a tua capacidade.

– Lembras uma coisa que é verdadeira, e assim se deve fazer, mas é preciso que vós ajudeis.

– Assim faremos.

– Espero, por conseguinte – prossegui eu –, descobri-lo deste modo. Creio que a nossa cidade, se de fato foi bem fundada, é totalmente boa.

– É forçoso que sim.

– É, portanto, evidente que é sábia, corajosa, temperante e justa.

A República, 427d-e[2]

Destacamos que Platão usa a palavra sábia que nos remete à sabedoria, um conceito deixado de lado por Frazier,

---

[2] Doravante, os passos citados em *A República* têm a tradução de Maria Helena da Rocha Pereira. In: Platão. *A República*. Lisboa: Fundação Calouste Gulbenkian, 1993.

que, como vimos, reduz o número de virtudes essenciais na obra plutarquiana a quatro. No entanto, percebemos que são cinco, visto que, em seu tratado *Das virtudes morais*, 443E, Plutarco afirma que a sabedoria é uma virtude imprescindível ao caráter de um indivíduo. Em um primeiro momento, poderíamos supor que a noção de sabedoria tenha a mesma correspondência à de inteligência em Plutarco. No entanto, não podemos inferir que inteligência assuma o mesmo grau de significância de sabedoria, pois não há correlação entre elas, uma vez que Plutarco continua seu raciocínio com a seguinte afirmação:

> A inteligência difere da sabedoria na medida em que esta é da contemplação para a ação, e a inteligência, sob a razão, submete a emoção porque é algo habitual e duradouro. Por isso, a inteligência necessita da sorte e a sabedoria não necessita de um fim natural nem de uma vontade.
>
> *Das virtudes morais*, 443E-F

Embora tenhamos visto que os valores platônicos estão relacionados à constituição de uma cidade, notamos que Plutarco os transfere para o indivíduo, algo muito comum em suas argumentações, tal como percebemos neste passo:

> Platão afirma que uma cidade é feliz e rica enquanto nela o mínimo se ouve dizer: "isso é meu, isso não é meu", por isso os cidadãos, sobretudo, utilizam as coisas dignas de atenção como se fossem para um só. E é muito mais preciso que tal expressão seja retirada do casamento. [...] Pois também a natureza nos une pelos corpos para que, após tomar e misturar uma parte de cada um deles, retribua um filho para ambos, de modo que nenhum dos dois distingue nem separa o que é seu ou do outro. Então, essa comunhão de bens convém mais aos que são casados.
>
> *Preceitos conjugais*, 140D-F

A relação entre as virtudes citadinas e as humanas estabelecidas por Plutarco revela sua visão de que o indivíduo é uma parte de um todo chamado cidade, que não há distinção entre eles. Noção que novamente liga nosso autor à filosofia de Platão, como podemos ver no trecho a seguir:

> Assim, portanto, um homem toma outro para uma necessidade, e outro ainda para outra, e, como precisam de muita coisa, reúnem numa só habitação companheiros e ajudantes. A essa associação pusemos o nome de cidade.
>
> *A República*, 369a

As recorrentes citações e alusões plutarquianas aos diálogos platônicos despertaram a atenção de Philippon. Segundo o autor, Plutarco alinha-se ao filósofo ateniense nas discussões sobre como distinguir os poetas detratores, a importância das cores em um quadro, princípios sobre a concessão divina, as realidades divinas e cósmicas, e sobre a moral[3].

---

[3] *Idem*, p. 73.

As obras platônicas mais importantes em seus tratados, de acordo com o autor, são *A República* e *As Leis*[4].

A escola de Platão sustentou-se durante muitos séculos como um dos grandes centros de discussão filosófica e científica das sociedades do mediterrâneo antigo. O prestígio de sua Academia manteve-se até o fim do primeiro século de nossa era, época em que ainda se podiam notar alguns poucos alunos romanos nas escolas de Atenas[5]. Nesse período, em 67 d.C., o jovem Plutarco deixa sua cidade natal em direção a Atenas, onde estuda as lições do mestre Amônio. O mestre de Plutarco nasceu no Egito e era reconhecido em Atenas como um discípulo ardoroso do pensamento filosófico de Platão[6]. A contribuição da filosofia platônica na composição da obra plutarquiana também foi estudada por Froidefond, que enumera as

---

[4] *Idem*, p. 78.

[5] Elisabeth Rawson. *Intellectual life in the late Roman Republic*. London: Duckworth, 1985, p. 56.

[6] Robert Flacelière e Jean Irigoin. *op. cit.*, p. XIV.

principais influências do pensamento de Platão na escrita de Plutarco, mas a principal é a sua preferência pela filosofia moral de Platão[7].

---

[7] C. Froidefond. Plutarque et platonisme. *ANRW*, Band. 36.1, p. 185.

Sobre a obra

Dos tratados que chegaram até nós, *Da educação das crianças* é o único que trata da educação do período greco-romano desde a infância até a adolescência[8]. Portanto, o único escrito de que dispomos sobre preceitos pedagógicos de como educar as crianças. Este é o tratado de Plutarco mais reproduzido em toda a Europa desde a sua primeira tradução para o latim, em 1410, realizada por

---

[8] Como demonstra Ampolo, em Plutarco, há um discurso voltado para a educação das crianças nas suas várias etapas, que é perceptível nas biografias. O autor utiliza como estudo de caso as biografias de Teseu e de Rômulo. Ver: Carmine Ampolo. La paideia degli eroi fondatori – l'educazione e la giovinezza nelle vite di Teseo e di Romolo. In: José Ribeiro Ferreira (coord.) *Atas do Congresso Plutarco Educador da Europa, 11 e 12 de novembro de 1999*. Coimbra: Fundação Eng. António de Almeida, 2002, p. 281-292.

Guarino Veronesi, que foi publicada somente em 1471[9]. Na Alemanha, há a tradução de Erasmo de Roterdã, datada de 1580. *Da educação das crianças* é um tratado de Plutarco considerado apócrifo pelos estudiosos. Muitos concordam que esse tratado resulta de escritos recolhidos por um aluno, pois Plutarco proferiu palestras e ministrou lições de filosofia em Roma.

Apesar de não ter sido escrito pelo autor, como concluiu Ziegler, *Da educação das crianças* foi um tratado bastante lido à época bizantina, dado que se verifica pelos quarenta e nove manuscritos transmitidos por copistas da época. Contudo, foi somente no século XVI que o exegeta Mureto colocou em questão a autenticidade da obra e somente no século XIX foi aceita a teoria de Wyttembarch sobre o texto ser proveniente de anotações de um de seus alunos[10].

---

[9] Jean Sirinelli. Notice, em Plutarque, *Ouvres Morales*, tome I: *De l'education des enfants*. Paris: Les Belles Lettres, 1987, p. 3.

[10] Konrat Ziegler. Plutarchos von Chaironeia. In: *Paulys Real-Encyclopädie der Classischen Altertumswissenschaft*. Stuttgart: Verlag, 1951, cols. 657-658.

Pinheiro assim sintetiza os argumentos mais citados pelos estudiosos desde então:

a) à semelhança dos textos de Plutarco contém um conjunto vasto de citações e alusões, mas elas parecem ser encaixadas no texto de forma pouco natural;

b) não faz referência a Píndaro e a Menandro, dois dos autores mais citados nas *Obras Morais*;

c) usa mais a conjunção final ἵνα do que ὡς e ὅπως;

d) utiliza com frequência a primeira pessoa do singular (1A, 4E, 5C, 6B e E, 7A e B, 8E, 10B, D e E, 11A, C e D, 12A e F, 13C, 14A), ao contrário do que acontece nos tratados restantes, em que Plutarco usa, geralmente, a primeira pessoa do plural ou a forma impessoal[11].

---

[11] Joaquim Pinheiro. Introdução. In: Plutarco. *Da educação das crianças*. Coimbra: Centro de Estudo Clássicos e Humanísticos, 2008, p. 10.

A nosso ver, um traço marcante de que esse tratado resulta das reflexões plutarquianas está no fato de Plutarco afirmar que Platão possui uma reputação memorável (*Da educação das crianças*, 2C) e ainda se referir ao filósofo como alguém enviado pelos deuses (2E). Com tais afirmações, o autor confere autoridade inconteste às ideias de Platão e justifica sua filiação filosófica à escola platônica, tal como na maioria dos seus tratados. Convém lembrar ainda que, no quinto livro de *A República*, Platão demonstra sua preocupação com a procriação e a educação das crianças, vistas como futuras cidadãs, e que Plutarco igualmente se debruça sobre esse tema e prescreve ensinamentos voltados para a concepção e a educação de uma criança.

Em *Da educação das crianças*, Plutarco inicialmente versa sobre a concepção das crianças e explica por que os pais devem escolher as melhores companheiras:

> Talvez seja melhor começar primeiro pela geração. Então, aos pais que desejam gerar filhos honrados, eu

próprio aconselharia a não coabitarem com mulheres casuais, digo, por exemplo, com cortesãs ou concubinas; pois, aos nascidos desse tipo de mãe ou pai, há indeléveis censuras por sua origem vulgar que os acompanham por toda sua vida, também são vulneráveis aos que querem acusá-los e insultá-los.

Da educação das crianças, 1A-B

A partir dessa prescrição plutarquiana, podemos inferir que uma educação bem-sucedida não depende apenas de sua qualidade, mas também necessita de uma criança que tenha uma boa origem familiar. Não por acaso, Plutarco relata a origem de suas personagens nas suas biografias dos homens ilustres, bem como avalia muitas de suas ações com base nela. Sob essa perspectiva da boa geração, o autor afirma:

Pode ser que o que eu tenha a lhes dizer nem tenha sido notado por nossos antecessores. O que é, então? Que convém aos que têm relações sexuais com mulheres pela geração, fazer a cópula, ou quando estiverem completamente sem vinho, ou bebido com moderação. Amantes de vinhos e ébrios amam sê-los porque no início de sua geração seus pais os conceberam na embriaguez.

Da educação das crianças, 1F-2A

Notamos, então, que Plutarco escreve de forma prescritiva e didática, tal postura se explica por sua intenção de instruir os pais sobre como gerar e educar seus filhos. O fim maior de nosso autor é ensinar os pais a formar o caráter de seus filhos, a fim de conduzi-los ao caminho da virtude. No entanto, boa origem e bons professores não garantem ainda a boa formação das crianças; para alcançar a virtude, é necessária a convergência de três elementos: natureza, razão e costume (2A), que Plutarco assim define:

Chamo razão o aprendizado e o costume o exercício. São os princípios da natureza: a evolução pela instrução, o proveito pelo cuidado e a excelência por esses todos.

[...] A natureza sem estudo é cega, a lição sem a natureza é insuficiente e o exercício sem ambos é incompleto.

Da educação das crianças, 2A-B

Portanto, para Plutarco, a educação de uma criança é um processo, um ato contínuo que requer a dedicação do aprendiz. A boa origem, que está relacionada à natureza, é apenas um indicativo de que a educação encontrará um terreno fértil em que o semeador encontrará as condições ideais para o seu cultivo. No entanto, como na agricultura, é preciso que o semeador esteja atento aos afazeres necessários para que essa semente se desenvolva e passe a dar bons frutos. Assim, o autor argumenta: "A terra é boa por natureza; mas, se descuidada, é improdutiva e arruinada" (2D).

O mais interessante é perceber que Plutarco não valoriza apenas a educação formal como algo crucial para a formação do caráter da criança, o laço afetivo entre a mãe e o filho revela-se fundamental nesse processo:

> As próprias mães devem alimentar seus filhos e que os amamentem; elas os alimentarão do modo mais compassivo e atencioso, como se do íntimo, como se diz, desde as unhas, amassem seus filhos. As amas de leite e as amas têm falsa e fingida benevolência, porque gostam do salário.
>
> *Da educação das crianças*, 3C

A amamentação é vista como um momento em que a criança se afeiçoa à mãe, que, além de estreitar seus laços afetivos, evita a influência das amas de leite e das amas sobre o filho. Desse modo, Plutarco revela que a afetividade também é um elemento importante na educação das crianças, uma vez que elas irão ouvir os conselhos de seus pais porque gostam deles; caso contrário, darão ouvidos aos que fingem afeição por interesse.

Outro aspecto ressaltado pelo autor é a questão de como se deve conduzir a educação das crianças desde o seu nascimento até a chegada à primeira infância, ou seja, aos sete anos de idade. Assim, Plutarco orienta o leitor a respeito dos métodos educativos que devem ser seguidos para a formação dos filhos após os sete anos de idade, sempre com o intuito de conduzi-los para o caminho da virtude. Para o autor, o primeiro dever dos pais é selecionar um bom mestre para que seus filhos aprendam corretamente a arte retórica, a filosofia e a prática de exercícios físicos, entre outros, pois é preciso cuidar de seu físico, raciocínio, práticas e costumes; por tudo isso, o cuidado na seleção de seus educadores.

E a maior de todas e a mais capital entre as coisas ditas, eu vou revelar: devem procurar como professores para seus filhos os que são irrepreensíveis por seu modo de vida, inatacáveis por seus hábitos e os melhores pelas suas experiências. Fonte e raiz da conduta honesta é a educação legítima.

Da educação das crianças, 4B-C

Os professores também exercem um papel fundamental na educação das crianças, pois são responsáveis pelos ensinamentos que as acompanharão para o resto da vida, que moldarão parte de seu caráter. Afirmamos "parte" porque Plutarco também responsabiliza os pais, não apenas na questão afetiva, como vimos, mas também na escolha dos professores. A educação das crianças é fundamental para a formação de um adulto virtuoso, razão pela qual os pais devem estar atentos desde a sua concepção. A participação dos pais na educação dos filhos é tão importante quanto à de seus mestres e professores, que estão relacionados à razão, visto que eles são os encarregados de desenvolver o aprendizado. Já o costume depende do esforço individual, dado que ele resulta do exercício, ou seja, da prática das lições recebidas.

Convém lembrar que nosso autor está preocupado com a formação das crianças por serem elas os futuros cidadãos que governarão a cidade, no caso de sua época, o Império ou as províncias. Plutarco demonstra, assim, a natureza prescritiva de seu tratado, dado que ele mesmo reconhece, visto que trata a boa educação como um aprendizado para a virtude e, por conseguinte, para a felicidade.

Resumindo, eu digo (certamente, posso parecer profetizar mais do que aconselhar) que é essencial que eles tenham um princípio, meio e fim[12], uma instrução séria e uma educação tradicional, e digo que essas são condutoras e confluentes para a virtude e a felicidade.

Da educação das crianças, 5C

Vemos, então, que Plutarco acredita na eficiência de suas instruções, tratando-as subliminarmente como se fossem predições[13] que, se seguidas por pais, professores e crianças, trarão benefícios a todos. A educação é a principal premissa para que as crianças trilhem o caminho da virtude, para que sejam felizes, uma vez que comporão uma cidade

---

[12] Expressão utilizada por Platão em *As Leis*, 715e.

[13] Entendemos que Plutarco ironiza o fato de seus conselhos serem dados com um tom de vate, pois não podemos esquecer que nosso autor foi sacerdote de Apolo em Delfos, donde concluímos que sua linguagem argumentativa tem um conteúdo vaticinador. Convém lembrar, como vimos no início, que Plutarco trata Platão como alguém enviado pelos deuses, e que o filósofo serve de inspiração para seus preceitos pedagógicos, por essa razão suas palavras também têm um conteúdo divino, um quê de profético.

melhor, pois serão cidadãos virtuosos. Outro dado interessante é que o autor prescreve uma educação continuada, que se inicia na infância e se estende até a adolescência; mas o aprendizado da filosofia deve ser iniciado na adolescência e se estender até a fase adulta. A atualidade das questões levantadas por Plutarco torna *Da educação das crianças* uma leitura aprazível, que desperta reflexões sobre os preceitos educacionais de nosso tempo e igualmente nos leva ao entendimento de questões morais que permeiam o nosso imaginário. Nesta tradução de *Da educação das crianças*, utilizamos a edição de W. R. Paton; M. Pohlenz; W. Wegehaupt e H. Gärtner. *Plutarchus:* Moralia, v. 1. Leipzig: Teubner, 1993.

MARIA APARECIDA DE OLIVEIRA SILVA

Da educação
das crianças

1A · **1.** Vamos examinar o que pode ser dito sobre a educação das crianças livres, se os sérios utilizarem alguma coisa, poderão mudar seus hábitos.

2. Talvez seja melhor primeiro começar pela procriação. Então, aos pais que desejam gerar filhos honrados, eu próprio aconselharia a não coabitarem com mulheres casuais, digo com cortesãs ou concubinas; pois, aos nascidos desse tipo de mãe ou pai, há indeléveis censuras por sua origem vulgar que os acompanham por toda a sua vida; também são vulneráveis aos que querem acusá-los e insultá-los. Ora, sábio foi o poeta que disse:

> *Quando a base da linhagem não é fundada*
> *com retidão, é forçosa a desventura*
> *dos descendentes.*[14]

Portanto, a boa origem é um belo tesouro da liberdade de expressão, por ela muito discurso deve ser feito aos que almejam filhos pela legítima procriação. O espírito dos que têm a linhagem impura e incerta nasce para ser abatido e humilhado; falando do modo mais correto, o poeta diz:

> *pois escraviza o homem, ainda que seja ousado,*
> *quando conhece os males da mãe ou do pai.*[15]

Tal como, sem dúvida, pelo contrário, os de pais eminentes são cheios de orgulho e soberba. Dizem que Cleo-

---

[14] Eurípides, *Héracles Furioso*, 1261.

[15] Eurípides, *Hipólito*, 424-425.

fanto¹⁶, filho de Temístocles¹⁷, frequentemente mostrava à multidão que o que ele queria estava de acordo com o povo ateniense; pois o que ele queria era o mesmo que a mãe; e o que a mãe queria era o mesmo que Temístocles, e Temístocles o mesmo que todos os atenienses. É muito digo de

1D· louvar os lacedemônios por sua magnanimidade, eles multaram em dinheiro o seu rei Arquidamo¹⁸, que desejava desposar uma mulher de baixa estatura; afirmavam pensar que ela não lhes daria reis, mas régulos.

---

¹⁶ Na edição da *Les Belles Lettres*, vemos grafado Diofanto (Διόφαντον) em vez de Cleofanto (Κλεόφαντον), como na da *Loeb*. Sobre a personagem, sabemos apenas que é filho do político ateniense Temístocles. Mantivemos a grafia sugerida por Babbitt, na edição da *Loeb*, por haver o registro de Cleofanto (Κλεόφαντος) como filho de Temístocles em Platão, *Ménon*, 93d.

¹⁷ Político anteniense, século V a.C., conhecido por ter incentivado a construção da frota naval responsável pela vitória ateniense contra os persas em Salamina, em 480 a.C., o que resultou na hegemonia de Atenas no mar Egeu, com a liderança da Liga de Delos. Sobre sua vida, ver Plutarco, *Vida de Temístocles*; da sua participação nas guerras contra os persas, ver Heródoto, *Histórias*, livros VII, VIII e IX.

¹⁸ Rei espartano da casa dos Euripôntidas, 476-427 a.C., seus feitos estão relacionados principalmente à repressão das revoltas dos hilotas, a de maior relevância histórica deu-se no combate travado no monte Itome. Arquidamo também comandou o exército espartano na guerra do Peloponeso, conforme vemos nos livros I, II e III da *Guerra do Peloponeso* de Tucídides.

3. Pode ser que o que eu tenha a lhes dizer nem tenha sido notado por nossos antecessores. O que é, então? Que convém aos que têm relações sexuais com mulheres pela geração, fazer a cópula, ou quando estiverem completamente sem vinho, ou bebido com moderação. Amantes de vinhos e ébrios

2A · amam sê-los porque no início de sua geração seus pais os conceberam na embriaguez. Conforme Diógenes[19], após ver um rapaz desvairado e desatinado, disse, "jovem, teu pai te engendrou embriagado"[20]. Sobre a procriação, foi dito o suficiente por mim; além disso, é um dever falar sobre a educação.

4. Em geral, o que estamos habituados a afirmar sobre as artes e as ciências, o mesmo deve ser dito sobre a virtude;

---

[19] Diógenes de Sinope, 400-323 a.C., filósofo cínico, personagem de uma anedota que envolve Alexandre, o Grande. Conta-se que Diógenes morava em um barril e que certa vez foi visitado por Alexandre, este se postou diante dele criando uma sombra, então o filósofo teria pedido ao grande general que saísse de sua frente para que lhe restituísse a luz solar. Sobre a biografia do filósofo cínico, ver Diógenes de Laércio, *Vidas e Doutrinas dos Filósofos Ilustres*, VI, 2.

[20] Frag. 274 Mullach.

dizer que, para a absoluta retidão, três coisas devem convergir: natureza, razão e costume. Chamo razão o aprendizado e o costume ao exercício. São os princípios da natureza: a evolução pela instrução, o proveito pelo cuidado e a excelência por esses todos. E o que disso for abandonado, nisso forçosamente sua virtude é imperfeita. A natureza sem estudo é cega, a lição sem a natureza é insuficiente e o exercício sem ambos é incompleto. Tal como na agricultura, primeiro deve-se começar pela boa terra, depois pelo agricultor instruído, em seguida, pelas boas sementes e, do mesmo modo, a natureza deve ser semelhante à terra; o preceptor ao agricultor; os princípios das palavras e os preceitos à semente. Poderia dizer, estendendo-me, que isso tudo concorreu e conspirou para as almas dos que são celebrados por todos, Pitágoras[21],

---

[21] Pitágoras de Samos, 571-496 a.C., filósofo e matemático, saiu de sua terra natal para habitar em Crotona, onde fundou sua escola filosófica, contudo, não há escritos seus, conhecemos seus pensamentos por meio de outras obras de Hermipo de Samos, Aristóxeno de Tirreno e outros autores, cujos registros são citados na biografia de Pitágoras composta por Diógenes de Laércio, ver *Vidas e Doutrinas dos Filósofos Ilustres*, VIII, 1.

Sócrates[22] e Platão[23] e tantos deles que têm reputação memorável. Alguém é feliz e próspero se tiver um deus que lhe conceda tudo isso. Se alguém pensa que os que não são bem-nascidos, por sua natureza limitada, não podem ir pela retidão em direção à virtude, por meio de instrução e cuidado, tanto quanto for possível fazer; sabe bem, mais do que tudo está enganado. A indolência destrói a virtude da natureza e a disciplina corrige sua ignorância. Assim, as coisas fáceis escapam aos negligentes e as difíceis são alcançadas pela

---

[22] Sócrates nasceu em Atenas em 469 a.C., local em que divulgou seus pensamentos filosóficos até ser acusado de negar a existência dos deuses e de corromper a conduta dos jovens, quando foi condenado a beber cicuta em 499 a.C. Embora não tenhamos nenhum escrito de Sócrates, há várias referências literárias que nos remetem às suas atividades e nos fornecem alguns dados biográficos, como Platão em seus diálogos, por exemplo, *O Banquete* e *Apologia de Sócrates*, este último título também foi dado por Xenofonte à sua obra, temos ainda Aristófanes em várias peças, como *As Nuvens*, e uma biografia de Diógenes de Laércio, entre outros.

[23] Filósofo ateniense, 429-347 a.C., conhecido por seu método dialético exposto na forma de diálogos. Em 387 a.C., fundou a Academia, primeira escola filosófica da Grécia antiga, cujo nome homenageia Academo, e que está localizada em um bosque que abriga o túmulo desse herói conhecido por ter revelado aos Dióscuros o lugar onde Teseu havia escondido Helena, após raptá-la de Esparta.

dedicação. Poderias observar como é penoso e cuidadoso
2D · um trabalho completo e uma ação eficaz, quando se olha
para muitos acontecimentos. Pois as gotas de água esburacam as pedras; o ferro e o cobre se desgastam com o toque das mãos; as rodas dos carros com o desvio que fazem na curva, se algo acontecer, não podem retomar o caminho reto do início; certamente, é impossível endireitar os bastões curvados[24] dos atores, mas o que é contra a natureza torna-se mais forte que o que está conforme a natureza pelo esforço. Será que somente isso mostra a força da dedicação? Não, mas também milhares e milhares de coisas.

A terra é boa por natureza; mas, se descuidada, é improdutiva e arruinada e, quanto melhor for sua natu-
2E · reza, tanto mais, se negligenciada, por causa do descuido, é destruída. Mas uma que é dura e mais áspera que o necessário, se cultivada, de imediato traz nobres frutos.

---

[24] Bastões utilizados pelas personagens anciãs nas tragédias. Conforme vemos em *Vita Sophoclis*, 25, Sátiro afirma que Sófocles teria inventado esse elemento cênico, portanto, o primeiro a utilizá-lo em peças teatrais.

Quais árvores, se negligenciadas, não nascem tortas e se assentam sem frutos e, se corretamente cultivadas, não se tornam frutíferas e produtivas? E qual força do corpo não é abortada e eliminada por causa do descuido, da luxúria e da imoralidade? Qual natureza fraca, pelos exercícios físicos e treinamentos para os combates, não aumenta mais a sua força? Quais cavalos, se bem domados, não se tornam obedientes aos seus cavaleiros? E quais, se permanecem indomáveis, não terminam indóceis e irascíveis?

2F·

Por que se devem admirar outras coisas, quando muitas vezes vemos feras selvagens que, depois de domesticadas, tornaram-se mansas pelo trabalho? Bem, quando um tessálio foi perguntado sobre quais eram os mais gentis entre os tessálios, ele disse: "Os que cessaram de guerrear". E o que mais devo dizer?

3A·

O caráter é um costume de longa duração; quando alguém diz que as virtudes éticas são os costumes, não se pode pensar que erra em algo. Utilizo ainda um exemplo para estender-me sobre isso, depois abandonarei esse assunto. Licurgo[25], o legislador dos lacedemônios, após pegar dois cãezinhos dos mesmos pais, educou um diferente do outro; assim, tornou um glutão e bruto e o outro capaz de farejar e de caçar. Depois, quando os lacedemônios estavam reunidos em um mesmo lugar, ele disse: "grande influência para a florescência da virtude, lacedemônios, são os costumes, a educação, os ensinamentos e o modo de vida, eu próprio logo tornarei isso mais claro para vós". Em seguida, conduziu seus cãezinhos, colocando no meio deles em linha reta um prato e uma lebre, e se despediu dos cãezinhos. E um lançou-se na lebre e o outro se precipitou no prato. Porque nenhum dos lacedemônios pôde compreender o que isso significava e o que ele quis demonstrar com os cãezinhos, disse: "Ambos são dos mesmos pais e tiveram

---

[25] Legislador espartano, século VII a.C., conhecido por ter implementado um conjunto de leis denominado Grande Retra, que os espartanos acreditavam terem sido ditadas pelo oráculo de Delfos. Para mais detalhes sobre o legislador e suas leis, consultar Plutarco, *Vida de Licurgo* e *Vida de Sólon*, XVI, 2, e Xenofonte, *A Constituição dos Lacedemônios*.

educação diferente, um tornou-se glutão e o outro caçador"[26]. Isso é o suficiente sobre os hábitos e o modo de vida.

5. A fala seguinte poderia ser sobre a alimentação.

3C · Como eu posso dizer, as próprias mães devem alimentar seus filhos e que os amamentem; elas os alimentarão do modo mais compassivo e atencioso, como se do íntimo, como se diz, desde as unhas, amassem seus filhos. As amas de leite e as amas têm falsa e fingida benevolência, porque gostam do salário. A natureza mostra que as próprias mães que os geraram devem alimentá-los; por isso, todo animal que pari é provido de alimento lácteo; com sabedoria, a

3D · Proneia[27] colocou dois seios nas mulheres, para que, ainda que parissem gêmeos, tivessem duas fontes de alimentação. Fora isso, tornar-se-iam mais benévolas e amáveis aos

---

[26] Anedota contada também em *Ditos Lacônicos*, 225F.

[27] Personificação da previdência.

filhos. E, por Zeus²⁸, não sem razão; a alimentação conjunta, tal o que os fortalece, é a benevolência. Pois também as feras, quando arrebatadas das que se alimentam juntas, essas se mostram saudosas²⁹. Sobretudo, o que disse é que as mães devem tentar alimentar seus filhos; se isso lhes for impossível, quer pelo corpo enfermo (pois poderia ser por algo assim), quer por zelarem pelo nascimento dos outros filhos. E as amas de leite e as amas não devem ser escolhidas ao acaso, mas devem ser aprovadas porque são as mais sérias no momento.

3E · Primeiro, com os costumes das filhas da Grécia. Tal como é necessário moldar os membros do corpo dos filhos logo no nascimento, para que eles cresçam eretos e aprumados, do mesmo modo, convém regrar os costumes dos filhos

---

²⁸ Zeus pertence à segunda geração divina, sexto filho de Crono e Reia; travou singular batalha contra o pai e ocupou seu lugar como o mais poderoso de todos os deuses, sentado em áureo trono ao lado de sua irmã e esposa Hera, no monte Olimpo. Zeus está principalmente associado ao trovão e ao relâmpago.

²⁹ Pensamento expresso por Xenofonte em *Ciropedia*, II, 1 e *Memoráveis*, II, 3.

desde o início. Flexível e maleável, os jovens, por suas almas ainda delicadas, absorvem as lições. Tudo que é rígido dificilmente se flexibiliza. Como os sinetes imprimem-se na cera amolecida, assim as lições marcam a alma dos ainda infantes. Parece-me que Platão, o enviado dos deuses, aconselha às amas de leite moderadas que não relatem histórias aleatórias às crianças, para que não tenham suas almas preenchidas desde o início por ignorância e corrupção[30]. O poeta Focílides[31] combate isso e bem aconselha ao dizer que:

Deve-se, ainda na infância,
Ensinar as belas obras.[32]

6. Não é justo então negligenciar isto: que os escravos servirão e conviverão com os descendentes desses pais,

---

[30] Plutarco faz menção ao dito pelo filósofo em *A República*, 377b-c.

[31] Focílides de Mileto, século VI a.C., poeta conhecido por escrever ditos em versos hexâmetros.

[32] Bergk, *Poetae Lyrici Graeci*, II, 448 (frag. 13).

devem procurar, em primeiro lugar, as sérias nos hábitos,
4A · e ainda devem ser falantes fluentes da língua grega, para que não interajam com bárbaros e afastem seu caráter das perversidades, de qualquer estupidez deles. Os citadores de provérbios, que não falam como de hábito, afirmam: "Quando se convive com um coxo, mancar é a lição"[33].

7. Quando atingirem a idade apropriada, ao alinhá-los nas mãos dos pedagogos, neste momento, deve haver muito empenho na determinação disto: que não lhes escapem escravos bárbaros e instáveis quando lhes entregarem suas crianças. Depois, o que está acontecendo agora com muitos é um absoluto absurdo. Entre os escravos
4B · sérios, mostram-se camponeses, armadores, comerciantes, intendentes e agiotas; e, quando descobrem um escravo--mercadoria bêbado e glutão, inválido para qualquer assunto, é um como esse que levam e indicam para seus filhos.

---

[33] *Corpus Paroemiogr. Graeci*, II, 286, 94.

É necessário que esse pedagogo seja sério e sua natureza como a de Fênix³⁴, o pedagogo de Aquiles³⁵. E a maior de todas e a mais capital entre as coisas ditas, eu vou revelar devem procurar como professores para seus filhos os que são irrepreensíveis por seu modo de vida, inatacáveis por seus hábitos e os melhores pelas suas experiências. Fonte e

4c · raiz da conduta honesta é a educação legítima. Tal como os camponeses colocam estacas nas plantações, assim os professores legítimos fincam oportunos preceitos e conselhos nos jovens, a fim de que deles brotem retos caracteres. Mas, de fato, poderia se desprezar alguns pais, que antes de esco-

---

³⁴ Conselheiro de Aquiles, o ancião Fênix era originário da Beócia e acompanhou o herói na guerra contra os troianos. Sobre sua participação em vários episódios importantes à Guerra de Troia, consultar Homero, *Ilíada*, livros IX, XXIII e XXIV. Apolodoro, *Biblioteca*, III, 13, relata-nos que Fênix, filho de Amintor, foi cegado pelo pai, que desconfiava de sua traição com sua concubina Ftia. Ele, então, refugiou-se na corte do rei Peleu, onde foi curado pelo Centauro Quílon e tornou-se amigo e conselheiro de Aquiles.

³⁵ Filho de Peleu, rei da Ftia, e da deusa Tétis, filha de Oceano. Aquiles foi o principal herói da Guerra de Troia; sem ele, conforme um oráculo, não haveria a tomada dos muros troianos, pois ele estava destinado a nela morrer jovem em troca da glória eterna. A obra que eternizou a vida e os feitos desse herói foi a *Ilíada*, de Homero.

lher como ensinar os descendentes, por ignorância e até por inexperiência, confiam seus filhos a homens desprezíveis e falsos. Isso ainda não é ridículo; se o fazem por inexperiência, isso é um extremo absurdo. Como? Algumas vezes eles sabem, percebem ou quando outros lhes falam o mesmo
4D · sobre a inexperiência e a perversidade de alguns preceptores, apesar disso, entregam-lhes seus filhos. Alguns se submetem por serem complacentes com as adulações, outros, porque agradam aos amigos que lhes pedem, como se fosse alguém com o corpo debilitado, em abandono, que pode ser salvo pelo poder de sua ciência; quem agrada o amigo é arruinado pela inexperiência, quando poderia escolher do que avaliá-lo assim porque o amigo pediu, dispensando o melhor armador. Ó Zeus e todos os deuses, alguém em plena razão, chamado de pai, age pela alegria dos que lhe pedem ou pela educação de seus filhos? Depois isso não é conveniente,
4E · muitas vezes aquele antigo Sócrates dizia que, se fosse possível, subiria no ponto mais alto da cidade e gritaria este trecho: "Ó homens, aonde ides, que em tudo agiste melhor pela

aquisição de dinheiro; e pelos filhos pouco vos preocupais, o que abandonastes por eles?"³⁶. Eu posso considerar que tais pais agem parecido com alguém que se preocupa com a sandália e tem um pé descuidado. Muitos pais investem nisso com tanta avareza e aversão aos filhos, para que não gastem com um salário alto, escolhem homens nada honrados para seus filhos, procurando ignorância a preço baixo.

Por isso, Aristipo³⁷, não rudemente, mas com muita fineza, observou em seu discurso um pai desprovido de inteligência e de coração. Após ter sido perguntado sobre quanto ele pedia de salário, ele respondeu: "Mil dracmas". "Por Héracles"³⁸, respondeu, "o pedido é excessivo; posso comprar um

---

³⁶ Platão, *Clitofante*, 407a.

³⁷ Aristipo de Cirene, 435-356 a.C., dirigiu-se a Atenas para ser discípulo de Sócrates. No século IV a.C., após retornar à sua cidade natal, fundou a escola cirenaica. Segundo Diógenes de Laércio, Aristipo era um sofista, o primeiro socrático a cobrar por suas lições; consultar Diógenes de Laércio, *Vidas e Doutrinas dos Filósofos Ilustres*, II, 8, também Xenofonte, *Memoráveis*, II, 1.

³⁸ Filho de Alcmena e Anfitrião, cuja verdadeira paternidade é atribuída a Zeus, que a iludiu tomando a forma de seu marido, quando lutava contra os teléboas. Embora Héracles tenha sido consagrado à deusa Hera – seu nome significa literalmente "em honra de Hera" –, dos filhos ilegítimos de Zeus,

5A · escravo por mil", ele disse, "Eis porque terás dois escravos, seu filho e o que puder comprar". Em geral, não é absurdo habituar crianças a receber os alimentos com a mão direita e condená-las, caso estendam a esquerda, e não terem nenhuma preocupação em ouvir palavras exemplares e legítimas? O que acontece com esses pais admiráveis quando criam mal e mal educam seus filhos, eu direi. Sempre que são registrados como cidadãos, negligenciam o que é saudá-
5B · vel e a vida ordenada, lançam-se aos prazeres desvairados e servis, então, arrependem-se quanto à educação das crianças; quando nada é válido, angustiam-se com as injustiças daqueles. Uns acolhem seus parasitas e aduladores, homens obscuros e execráveis, destruidores e corruptores da juventude; outros libertam cortesãs e prostitutas, arrogantes e dispendiosas; outros são glutões; outros se arruínam nos

---

ele foi o mais perseguido pela deusa dos olhos de vaca, que não perdia uma oportunidade para eliminar o fruto bastardo. No entanto, como filho de Zeus, coube a Héracles demonstrar que o poder de seu pai era maior; assim, venceu todos os obstáculos empreendidos por Hera.

dados e festins, já outros entram em contato com os mais juvenis dos males, cometendo adultério e praticando orgias, honrando a morte por um prazer. Se esses tivessem se dedicado a isso como um filósofo, talvez teriam obedecido a

5C · si mesmos ao presenciar os fatos e aprendido a advertência de Diógenes[39], que, com grosseria nas palavras e verdade nos assuntos, aconselha e diz: "filho, entrai em um prostíbulo para que aprendas que as coisas preciosas em nada se distinguem das sem valor".

8. Resumindo, eu digo (certamente, posso parecer profetizar mais do que aconselhar) que é essencial que eles tenham um princípio, meio e fim[40], uma instrução séria e uma educação tradicional, e digo que essas são condutoras e confluentes para a virtude e a felicidade. Os demais bens
5D · colocados são humanos, mesquinhos e indignos de cuidados.

---

[39] O cínico de Sinope, v. nota 6.

[40] Expressão utilizada por Platão em *As Leis*, 715e.

A nobreza de origem é algo belo, mas é um bem dos antepassados. A riqueza é valiosa, mas é uma aquisição da sorte, visto que ela abandonou muitas vezes os que a tinham e se aproximou para lançar-se aos que não tinham esperança. O protetor muito rico está exposto aos que querem atingir carteiras, aos servos malvados e aos sicofantas[41], e, o mais importante, os que se encontram entre os mais perversos. A reputação é um sinal, mas incerto. A beleza é desejável, mas efêmera. A saúde é valiosa, mas inconstante. A força é invejável, mas vulnerável à doença e à velhice. Em suma, se alguém se concentra na força do seu corpo, aprenda que está enganando seu pensamento. Pois o que é a força humana perto da potência dos outros animais? Digo tal a dos elefantes, a do touro e a dos leões. A educação é a única coisa entre nós imortal e divina. Há duas coisas mais importantes do que todas na natureza humana: a inteligência e a

---

[41] Nome dado aos delatores profissionais em Atenas, temidos por suas falsas denúncias.

razão. A inteligência é comandante da razão, e a razão é subordinada à inteligência, pois é irrefutável pela sorte, inseparável pela delação, incorruptível pela doença e inatingível pela velhice. Somente a razão envelhecendo avança, o tempo retira todas as outras coisas na velhice, porém nela

5F· coloca o conhecimento. A guerra afluente arrasta toda justiça e tudo afasta, a única coisa que não pode retirar é a educação. Parece-me que Estílpon[42], o filósofo megarense, deu uma memorável resposta quando Demétrio[43] derrubou o alicerce da cidade e a reduziu à escravidão, então ele perguntou a Estílpon se havia algo não destruído[44], e ele respon-

6A· deu: "Não, de fato", disse, "pois a guerra não traz a virtude como butim". Parece que a resposta de Sócrates é uníssona

---

[42] Filósofo grego, 380-300 a.c., pertencente à Escola de Mégara, conhecido por seu pensamento lógico.

[43] Filho de Antígono Monoftalmo, Demétrio, 336-283 a.c., era conhecido como o Poliorceta, ou o Sitiador. Reinou na Macedônia, de 294 a 288 a.c. Há uma biografia de Plutarco dedicada aos feitos públicos e privados, consultar *Vida de Demétrio*.

[44] A cidade de Mégara foi devastada por Demétrio em 307 a.C.

e concorde com essa[45]. Parece-me que Górgias[46] perguntou a sua opinião sobre o grande Rei[47], se o considerava feliz, e ele afirmou: "Não sei como obteve virtude e educação", porque a felicidade está nisso, não nos bens fortuitos.

9. Tal como aconselho que nada há de mais útil que a educação dos filhos, assim de novo afirmo que se deve ter uma que seja incorruptível e saudável e afastar os filhos o mais longe possível das diversões fúteis.

---

[45] No diálogo platônico, é Polo quem dirige a pergunta a Sócrates, consultar Platão, *Górgias*, 407d-e.

[46] Nasceu em Leontinos, na Sicília, 480-380 a.c., dirigiu-se a Atenas para ensinar filosofia, tornando-se célebre por suas atividades sofísticas, nas quais ensinava as técnicas da arte retórica. A crítica de Platão ao estilo de Górgias pode ser observada no diálogo *Górgias*, em particular, nos passos 449c-461b.

[47] Designação utilizada para o rei medo Xerxes, regente entre 486-465 a.c., cujo nome significa, em sua língua de origem, "governante de homens". Xerxes empreendeu uma guerra de conquista da Grécia, sendo derrotado em Salamina, em 480 a.c. Sobre a vitória na ilha grega, consultar Heródoto, *História*, VII, 166 e VIII, 96-99 e Tucídides, *História da Guerra do Peloponeso*, I, 73.

6B · Agradar a muitos é desagradar aos sábios. Testemunha por mim com seu discurso Eurípides[48], quando diz:

> Eu sou rude no discurso proferido à multidão,
> sou mais sábio para poucos e coetâneos,
> os inferiores em sabedoria são mais
> agradáveis quando falam à multidão.[49]

Eu mesmo vejo-os dedicados, falando com aprovação e graça à multidão, e voltam seu modo de vida para muitas coisas perniciosas e voluptuosas. E, por Zeus, é razoável. Pois se outros negligenciam o belo pelo provimento de seus 6C · prazeres, sem pressa poderiam fazer o correto e o saudá-

---

[48] Tragediógrafo grego, 480-406 a.C., nasceu na ilha de Salamina, região da Ática, no dia da famosa batalha naval travada contra os persas diante da ilha. A data mais provável é 29 de setembro. Sobre a batalha na ilha, consultar Heródoto, *Histórias*, VIII. No teatro, Eurípides torna-se célebre pela invenção de um expediente cênico conhecido como *Deus ex machina*, em que o desfecho do drama ocorre de forma inesperada, com a intervenção de uma divindade.

[49] Eurípides, *Hipólito*, 986-989.

vel acima do próprio bem-estar e indolência, ou procurar a prudência em vez do agradável. Depois disso...[50] o que as crianças...[51] Pois belo é não falar nem fazer nada sem propósito, conforme o provérbio "as coisas belas são difíceis"[52]. Os discursos improvisados são plenos de destreza e engano, por isso não se sabe nem por onde começar nem parar. Fora os demais erros, por isso os que falam de improviso lançam-se ao terrível excesso e à loquacidade. A reflexão sobre isso não permite que o discurso se desprenda da conveniente simetria. Péricles[53], como nos foi transmitido pela

---

[50] Pequena lacuna do manuscrito.

[51] Lacuna do manuscrito.

[52] Platão registra tal dito em *Crátilo*, 384a; *A República*, 435c e 497d e *Hípias Maior*, 304e.

[53] Político ateniense do século V a.C. conhecido por seus persuasivos discursos, os quais convenceram os atenienses a deflagrar a guerra contra os espartanos e seus aliados. Morto em 429 a.C., vitimado pela peste que se alastrou em Atenas, portanto, logo nos primeiros anos da guerra do Peloponeso (431-404 a.C.). Encontramos registros de sua origem em Heródoto, *História*, VI, 131 e de suas ações políticas e discursos em diversos livros de Tucídides, em sua obra *História da Guerra do Peloponeso*. Também há várias referências em Aristófanes, em suas comédias *A Paz* e *Os Acarnenses*, ainda há as biografias de Péricles compostas

tradição oral[54], quando chamado pelo povo, muitas vezes, não compareceu, dizendo que estava despreparado. Da mesma forma, também Demóstenes[55], porque era admirado por sua política, quando os atenienses o chamaram como conselheiro, opôs-se, dizendo: "Não estou preparado"[56]. Isso talvez seja uma tradição anônima, forjada; e em *Contra Mídias*, ele sustenta com clareza a utilidade da reflexão. Então, afirma: "Eu digo, cidadãos atenienses, que refleti e não poderia negar que me dediquei o máximo possível a isso; pois seria um infeliz se fosse negligente em algo sobre o que irei vos dizer, por tais coisas ter sofrido, ou estar sofrendo"[57]. Não

---

por Cornélio Nepos e Plutarco, em que se podem encontrar mais detalhes sobre sua vida e sua personalidade.

[54] Demóstenes, *Contra Aristócrates*, XXIII.

[55] Célebre orador ateniense, 384-322 a.c., compôs inúmeros discursos, os conhecidos são os contra a dominação macedônica intitulados *Filípicas*. Plutarco compôs uma biografia de Demóstenes, que felizmente chegou aos nossos dias.

[56] Sobre a visão plutarquiana da conduta do político ateniense nas assembleias, consultar *Vida de Péricles*, VII.

[57] Demóstenes, *Contra Mídias*, XXI.

diria que há a necessidade de rejeitar por inteiro a prontidão dos discursos, de não executá-la pela conveniência; mas, como na poção de um fármaco, que isso deve ser feito. Até a idade madura, não aprecio que se discurse na hora, mas, quando essa capacidade estiver enraizada, nesse momento, se a ocasião pedir, convém agir livremente com as palavras. Pois, tal como os que por muito tempo ficam acorrentados, ainda que sejam libertados em seguida, não podem caminhar, por não superarem o hábito de muito tempo entre correntes; do mesmo modo, os restritos a um discurso por muito tempo, se um dia necessitarem falar de improviso, preservam nada menos do que o mesmo traço em sua exposição. Quando ainda são crianças, falar de improviso é a causa de sua extrema verbosidade. Dizem que um lastimável pintor, enquanto mostrava sua pintura a Apeles[58], disse: "Esta foi pintada agora", e ele disse: "Se não tivesses dito,

---

[58] Apeles, 330-300 a.c., nascido em Colófon, ou na ilha de Cós, estudou em Éfeso. Por seu talento artístico, tornou-se pintor de Filipe II e de seu filho Alexandre, o Grande.

saberia que a pintou com rapidez; estou admirado como não pintas muitas assim."

Tal como nesse caso (retomo o pressuposto inicial do meu discurso) há a arte teatral e imitativa do estilo trágico, assim outra vez aconselho a precaver-se e a fugir do detalhismo e da vulgaridade no estilo; um empolado é inacessível aos cidadãos, outro sem ornamento é muito inexpressivo. Como o corpo deve ser não somente saudável, mas ainda bem constituído, do mesmo modo, o discurso necessita ser não apenas sem mácula, mas também vigoroso. Por um lado, apenas louva a segurança e, por outro, também admira o risco.

Tenho o mesmo pensamento quanto à disposição da alma. Não convém que seja ousada, nem covarde e medrosa; pois uma se coloca na impudência e a outra no servilismo; a distribuição proporcional em tudo é harmônica e artística. Enquanto ainda me ocupo da educação, como tenho opinião sobre ela, quero dizer primeiro que considero o discurso monótono uma grande prova da falta de refinamento; depois, no exercício, penso que é cansativo e totalmente passageiro. Com monodia em tudo, ele é entediante e enfadonho, a variedade no estilo é agradável, como em todas as outras artes, tal em músicas e espetáculos.

7C · **10.** É necessário, então, não permitir que a criança livre fique sem ouvir nem ver nenhuma das lições dos chamados ciclos de estudos. Mas isso deve ser aprendido ao longo do tempo, como se pelo gosto (pois a perfeição em tudo é impossível) respeitasse a filosofia. Por uma imagem, posso conceber meu pensamento. Tal como é belo navegar por muitas cidades, também é útil morar na mais poderosa. Com elegância, o filósofo Bíon[59] disse que, tal como os pretendentes, porque não podiam aproximar-se de Penélope[60],

---

[59] Bíon de Borístenis, filósofo, século IV a.C.; sobre seu pensamento e sua vida, consultar Diógenes de Laércio, *Vidas e Doutrinas dos Filósofos Ilustres*, IV, 7.

[60] Filha de Icário e Peribeia, Penélope é lembrada por ser a esposa fiel de Odisseu. As aventuras e desventuras de Odisseu, bem como as demonstrações de fidelidade conjugal de Penélope são narradas na *Odisseia* de Homero.

tiveram relações sexuais com suas servas[61], assim também os que não são aptos à filosofia não absorvem nada de valioso para serem bem-sucedidos nas demais lições. Por isso, a filosofia deve ser a essência do resto da educação. Os homens inventaram duas ciências para o cuidado do corpo: a medicina e a ginástica, entre elas, uma estabelece a saúde e a outra o vigor físico. A filosofia é o único remédio para os sofrimentos e as debilidades da alma. É por isso que, com ela, pode-se conhecer o que é belo e vergonhoso, justo e injusto; em suma, o elegível e o evitável; como é útil estar com os deuses, antepassados, mais velhos, leis, estrangeiros, magistrados, amigos, mulheres, filhos e escravos; porque se deve venerar os deuses, honrar os pais, respeitar os mais velhos, obedecer às leis, submeter-se aos magistrados, querer bem aos amigos, ser prudente com as mulheres, ser afetuoso com os filhos e não ultrajar os escravos; o mais importante, não ser efusivo nos sucessos, nem lamurioso nas vicissitu-

---

[61] Episódio narrado em Homero, *Odisseia*, XXII, 417-473.

des, nem ser incontido nos prazeres, nem passional e bestial nas cóleras. Eu julgo esses assuntos os mais admiráveis de todos os bens remanescentes da filosofia.

7F · Ser afortunado é do homem bem-nascido, uma pessoa obediente é irrepreensível; suplantar os prazeres com o raciocínio é de um sábio; dominar a cólera não é para um homem qualquer. Penso que os homens perfeitos são capa-
8A · zes de mesclar e unir seu poder político com a filosofia, e penso que são capazes de comandar os dois maiores bens os que atuam politicamente pelas coisas úteis à vida dos cidadãos e os que passam a vida serena e calma na filosofia. Porque existem três tipos de vida, há o ativo, o contemplativo e o lascivo, este é insaciável e escravo dos prazeres, também é animalesco e vulgar; o contemplativo, porque fracassa na prática, é inútil; e o ativo, por desperdiçar a filosofia, é sem refinamento e desregrado. Portanto, é dever esforçar-se no poder para executar ações de interesse público e ocupar-
8B · -se da filosofia, conforme o permitido pelas circunstâncias. Assim atuou politicamente Péricles, como o tarentino

Arquitas⁶², tal o siracusano Díon⁶³ e o tebano Epaminondas⁶⁴, cada um deles tornou-se discípulo de Platão. E não sei mais o que devo dizer para deter-me sobre a educação; além da utilidade do que foi dito, é sobretudo necessário que em nada sejamos indiferentes à aquisição de obras antigas, mas também fazermos disso uma coleção, como um agricultor...⁶⁵ Do mesmo modo, a ferramenta da educação é o uso dos livros, porque se observa o conhecimento a partir da fonte.

11. Então não é justo desdenhar dos exercícios físicos, mas as crianças devem ser enviadas ao professor de

---

⁶² Filósofo pitagórico, século IV a.C., conhecido por suas invenções, como o chocalho para as crianças, bem como por seu talento com cálculos matemáticos.

⁶³ Século IV a.C., conhecido como libertador de Siracusa, Díon também se destaca por ter sido amigo de Platão, quando este estava em visita à ilha, fato narrado por Plutarco em *Vida de Díon*, capítulos II a V.

⁶⁴ Comandante tebano, séculos V-IV a.C., destacou-se por ter sido o primeiro a derrotar o exército espartano, instituindo o domínio de Tebas sobre a cidade de Esparta, na batalha de Leuctras, na região da Beócia, em 371 a.C.; sobre sua vida e seus feitos, consultar Cornélio Nepos, *Epaminondas*.

⁶⁵ Lacuna do manuscrito.

ginástica para treinarem muito isso, pela boa forma de seus corpos, bem como para sua força física. A boa constituição corporal é em tudo a base da bela velhice. Como no tempo bom a aquilo que se refere ao inverno convém preparar, assim também na juventude, a disciplina e a prudência convêm guardar como recursos para sua velhice. Assim, devemos controlar a fadiga de seu corpo, para que não renunciem, por estarem extenuados, ao seu cuidado com a educação; pois, segundo Platão, o sono e o cansaço são inimigos das lições[66]. Por que isso? Mas isto é o mais

8D· importante de tudo que foi dito e aspiro falar: as crianças devem se exercitar nas disputas militares, treinar lançamentos de dardos, arco e flecha e caçadas. Pois "dá-se os bens dos vencidos como prêmio aos vencedores"[67] nas batalhas. A guerra não aceita uma constituição corporal débil, desabituada aos treinamentos físicos, um soldado

---

[66] Platão, *A República*, 537b ss.
[67] Xenofonte, *Ciropedia*, II, 3, e VII, 1.

fraco nos combates das guerras afasta-se das falanges dos robustos pelo hábito dos treinamentos.

Então, o quê? Alguém poderia dizer: "Tu te ofereceste para dar instrução às livres, em seguida, claramente, desdenhaste a instrução das pobres e populares, porque concordas somente em dar seus preceitos aos ricos".

8E · Não é difícil refutar isso. Eu gostaria que a instrução fosse em tudo por igual mais útil; se alguns, por necessidade, não foram capazes de tornar úteis a si próprios os meus preceitos, acusem a sorte, não quem isso os aconselha. Devem, então, tentar o possível para obter a instrução mais eficaz para suas crianças e os pobres; senão, devem dar-lhes a mais útil possível. E isso foi acrescido ao meu discurso para, em seguida, vinculá-lo ainda a outros assuntos que contribuem para a correta educação das crianças.

12. Aquilo que disse sobre por que se deve conduzir as
8F · crianças à bela conduta, com conselhos e palavras, não, por Zeus, com golpes, nem maus-tratos. Parece que isso convém

mais às escravas que às livres; pois ficam desanimadas e frágeis diante das fadigas, umas pelas dores dos golpes, outras

9A · pelos ultrajes. Elogios e críticas são mais úteis que quaisquer maus-tratos às livres, aqueles os exortam a coisas belas, esses os detêm nas vergonhosas. Devem, com alternância e variação, utilizar as críticas e os elogios; sempre que errarem, fazer críticas em situação vergonhosa e de novo proferir elogios, imitar as amas de leite, que, quando as crianças choram, oferecem novamente o seu seio como consolo. Eles não devem ser incentivados e formados com encômios; pois se envaidecem com os excessos de elogios e se tornam fracos.

13. Eu já vi alguns pais que atribuíram ao afeto demasiado a causa do não afeto. Então, o que é que prefiro dizer

9B ·

para que, com um exemplo, torne o meu discurso mais claro? Apressam as crianças para serem as primeiras em tudo rapidamente, impõem-lhes trabalhos excessivos, falham com elas porque as exaurem. E, além disso, estão fatigadas pelos sofrimentos, por não receberem a lição com doçura. Tal como as plantas crescem com a água adequada e sufocam com muita, do mesmo modo, a vida aumenta com os trabalhos balanceados e afunda com os excessivos. Devem, então, dar repouso às crianças pelos contínuos trabalhos, porque consideramos que toda a vida delas está dividida entre divertimento e seriedade. Por isso foi inventada não somente a vigília, mas também o sono; não apenas a guerra, mas também a paz; não somente a tempestade, mas também a calmaria; nem somente as ações laboriosas, mas também as festas. Em suma, digo que o descanso é o tempero do trabalho. Pode-se ver isso não somente entre os animais, mas também entre os inanimados; também desapertamos arcos e liras para que possamos esticá-los. Em geral, salva-se o corpo com necessidade e satisfação; e a alma, com descanso e trabalho.

É justo condenar alguns pais, os que mantêm seus próprios filhos com pedagogos e professores, que não são observadores de suas lições, nem ouvintes, erram mais que deveriam. Pois eles próprios devem, em um curto espaço de dias, aplicar provas às crianças, mas não ter esperanças na disposição do assalariado; pois também aqueles satisfarão mais o desejo das crianças, quando deveriam efetuar a todo momento as repreensões. Também aqui é conveniente o dito pelo estribeiro que nada engorda tanto o cavalo como o olho do rei[68].

Mais do que tudo, devem tornar usual e exercitar a memória das crianças; como se lá fosse o celeiro da educação, também por isso narram que a mãe das Musas[69] é Mnemôsine[70], insinuando e inferindo que nada gera e se desenvolve tanto como a memória. Então esta deve ser habituada pelos dois modos, quer as crianças sejam por natureza

---

[68] Xenofonte, Econômico, XII, 20.

[69] As Musas eram filhas da deusa Mnemôsine e de Zeus pai e trazem ora o epíteto de Piérides, ora de Helicônias. Elas eram em número nove; a saber: Calíope (poesia épica), Clio (história), Euterpe (lírica e música de flauta), Melpomene (tragédia), Terpsícore (dança), Erato (hinos e música para lira), Polímnia (cantos sacros), Talia (comédia) e Urânia (astronomia). Segundo Apolodoro, elas foram geradas após nove noites de amor entre os referidos deuses; v. Apolodoro, Biblioteca, 189-192, e Hesíodo, Teogonia, 55.

[70] Personificação da memória, a deusa Mnemôsine é filha de Urano e Geia, que se uniu a Zeus no monte Piéria, por nove noites consecutivas, e depois deu à luz nove Musas; consultar Hesíodo, Teogonia, 53-63.

de boa memória, quer ainda, ao contrário, esquecidas. Pois fortaleceremos a abundante por natureza e preencheremos a insuficiente; aquelas serão melhores que as outras, e estas que a si próprias. Hesíodo[71] belamente afirma isso:

Se depositares pouco sobre pouco e muitas vezes isso fizeres, logo grande o tornará.[72]

Que não passe despercebido nada disso aos pais, que a memória de parte da lição não é somente para a educação, mas também para as ações da vida, e calcula-se que não seja o seu menor quinhão. A memória dos fatos passados torna-se exemplo de bom conselho para os vindouros.

14. Naturalmente, deve retirar os filhos do discurso obsceno; "a palavra é a sombra da ação"[73], segundo Demó-

---

[71] Poeta grego, nascido na cidade de Ascra, na Beócia, século VIII a.C.

[72] Hesíodo, *Os Trabalhos e os Dias*, 361-362.

[73] Diels, *Fragmente der Vorsokratiker*, Berlin, 1972, II, p. 87, ou frag. B 145.

10A · crito⁷⁴. Depois, certamente, devem prover-lhes com carinhos e afagos. Porque a soberba do caráter é a mais digna de ódio, assim, as crianças ainda estariam sem ódio aos companheiros, se não fossem completamente obstinadas em suas investigações; pois não somente é belo vencer, mas também conhecer a derrota nos momentos em que vencer é nocivo. Há a vitória cadmeia⁷⁵, que é a mais verdadeira. Tenho para apresentar como testemunha disso o sábio Eurípides, quando afirma:

Quando dois conversam, se um deles fica irritado,
*o que não replica as palavras é o mais sábio.*⁷⁶

---

⁷⁴ Século V a.c., filósofo nascido em Abdera, na Trácia, Demócrito é conhecido por sua teoria atomista e seus ditos em prol da moderação.

⁷⁵ Segundo Platão, *As Leis*, 641c e Heródoto, *Histórias*, I, 166, trata-se de um provérbio que sinaliza a ocasião em que a vitória é a ruína do vencedor. Trata-se do embate havido entre Etéocles e Polinices em Tebas, ambos filhos de Édipo, descendente de Cadmo, que pereceram diante dos muros da cidade. Sobre o episódio, há ainda a peça de Ésquilo, *Sete contra Tebas*.

⁷⁶ Nauck, *Trag. Graec. Frag., Euripides*, n. 654.

10B · Não há nada de inferior no que foi dito, mas mais deve ser dito, ao que os jovens devem se dedicar. Isto é, devem aplicar-se a uma vida mais modesta, conter a língua, estar acima da ira, dominar os punhos. Devem observar no momento certo cada um desses itens; que serão mais cognoscíveis com exemplos. Para que eu comece pelo fim primeiro, como exemplo, são os que estendem suas mãos aos ganhos injustos e arruínam a reputação de sua vida pregressa. Como o lacedemônio Gilipo[77], que, após desatar os sacos de dinheiro, foi punido de exílio por Esparta.

10C · Certamente, a calma é do homem sábio. Sócrates, após ser chutado por um jovem atrevido e infame, ao ver exaltados e agitados os que estavam à sua volta, porque queriam persegui-lo, disse: "Ora, se um burro me escoiceasse, consideraria digno revidá-lo?", entretanto, ele não

---

[77] General espartano, século V a.C., lutou na guerra da Sicília e sofreu exílio por ter sido acusado de subtrair espólios das batalhas vencidas contra os atenienses. Sobre a expedição à Sicília e a atuação de Gilipo, consultar Tucídides, *História da Guerra do Peloponeso*, livros VI ao VIII. Plutarco relata o fato em *Vida de Lisandro*, capítulos XVI e XVII.

ficou completamente impune, ele se enforcou porque todos o reprovavam e o chamavam de escoiceador. Aristófanes⁷⁸, quando apresentou *As nuvens*, de toda forma, despejou toda sua insolência sobre ele, quando um dos presentes disse: "E então não ficas indignado por seres satirizado dessa maneira,

10D · ó, Sócrates?". "Por Zeus, eu não", ele disse: "como no banquete, sou divertido no grande teatro." Arquitas de Tarento⁷⁹ e Platão parecem ter feito coisas análogas e semelhantes. Ao retornar da guerra (onde foi estratego), ele encontrou sua terra sem cultivo. Após chamar seu intendente, disse: "Lamentarias isso, se eu não estivesse tão encolerizado". Platão, irritado com um escravo glutão e infame, chamou Espeusipo⁸⁰, o filho de sua irmã, e disse-lhe, partindo: "Bate nisso; pois eu estou muito irritado". Alguém poderia dizer que

---

⁷⁸ Comediógrafo ateniense, 450-388 a.C., principal poeta da Comédia Antiga.

⁷⁹ Cidade da Magna Grécia, cujo auge econômico foi atingido durante o governo de Arquitas.

⁸⁰ Filósofo ateniense, século IV a.C., sobrinho de Platão, acompanhou seu tio em várias viagens à Sicília para apoiar Díon contra o tirano de Siracusa Dionísio II. Espeusipo foi o sucessor de Platão na Academia, de 347 a 339 a.C.

essas coisas são árduas e difíceis de imitar. Eu mesmo sei
10E · disso. Devem experimentar quanto se é capaz, servindo-
-se de muitos exemplos, para afastar a cólera indômita e
insana. E não somos comparáveis a eles no restante, nem
na experiência, nem na honestidade. Mas nada menos do
que deles, tal como os hierofantes[81] dos deuses e daducos[82]
da sabedoria, quanto possível, devemos nos empreender em
imitar essas ações e fazer seu uso[83]. Então dominar a língua
(sobre isso, como foi colocado, resta falar), se alguém sustenta que isso é algo insignificante e vil, muitíssimo se engana
sobre a verdade. Pois é sábio o oportuno silêncio, melhor

---

[81] Nos mistérios de Elêusis, o hierofante era o sacerdote principal, função herdada por ser um membro da família sacerdotal ateniense dos Eumólpidas, cabia-lhe mostrar os objetos sagrados aos ritos iniciáticos e ensinar algumas poções sacras.

[82] Encarregado sacerdotal do culto eleusino, abaixo apenas do hierofante na hierarquia sacerdotal, função hereditária da família dos Ceris, que portava a sacra chama de Deméter na cerimônia.

[83] O verbo empregado por Plutarco é *periknízō* (περικνίζω), cujo significado primeiro é "raspar em volta". Por analogia, pensamos no desgaste de algo pelo uso, como em um processo de polimento, no qual quanto mais se fricciona o objeto, mais ele se torna refinado, adquirindo forma e graça.

que qualquer palavra. E, por isso, parece-me que os antigos introduziram os ritos de iniciação nos mistérios, para que, acostumados ao silêncio neles, transfiramos o sentimento de temor a que nos habituamos a ter pelos deuses para o de confiança nos mistérios humanos. Por sua vez, ninguém se arrependeu por ficar silente, já os falantes inteiramente. É fácil falar o silenciado, impossível é retirar o dito. Eu mesmo sei, por ouvir caídos em grandes infortúnios, devido à sua irrefreada língua. Eu lembrarei um ou dois exemplos por causa do modelo, deixando outros para trás. Quando Filadelfo[84] casou-se com sua irmã Arsínoe[85], Sótades[86] disse-lhe:

---

[84] Ptolomeu Filadelfo, reinou no Egito entre 283 e 246 a.c., sucedendo seu pai, Ptolomeu Sóter, um dos diádocos, isto é, um dos sucessores de Alexandre, o Grande, portanto, o fundador da dinastia Ptolomaica. Ptolomeu Filadelfo tornou-se conhecido por seu empenho de helenizar o Egito e regiões circundantes ao Mar Vermelho, com a fundação de colônias com características gregas. Além disso, fomentou a presença de intelectuais de diversas áreas do conhecimento para desenvolverem suas pesquisas em Alexandria.

[85] Rainha do Egito, de 273 a 270 a.C., filha de Ptolomeu I e de Berenice I, estima-se que casou com seu irmão Ptolomeu I entre 276 e 273 a.c.

[86] Poeta e orador nascido na ilha de Quios, século IV a.C.

Impeles teu aguilhão para uma cavidade ímpia.[87]

e apodreceu na prisão por muito tempo. Sem reprovação, recebeu sua sentença pelo inconveniente falatório, para que provocasse riso aos outros, por muito tempo ele próprio chorou. Coisas análogas e semelhantes a essas também o sofista Teócrito[88] disse e experimentou e muito mais terríveis. Quando Alexandre[89] ordenou aos gregos que trajassem vestimentas púrpuras para que, ao retornarem, se sacrificassem pelos triunfos na guerra contra os bárbaros, porque as tribos contribuíram com prata por cabeça, disse: "Primeiro, discordei, mas agora percebo claramente

---

[87] Eurípides, *Protesilau*; Nauck, *Trag. Graec. Frag.*, *Euripides*, n. 654.

[88] Poeta, século III a.C., nascido em Siracusa, escreveu a maior parte de seus versos em dialeto dórico.

[89] Alexandre o Grande, 356-323 a.C., rei da Macedônia e da Pérsia. Filho de Filipe II, foi educado por vários sábios, sendo Aristóteles o mais famoso deles. Alexandre é citado em diversas obras da Antiguidade. Para uma leitura mais abrangente dos fatos de sua vida, ler a extensa biografia plutarquiana dessa grande personagem da história. Temos ainda o relato do historiador romano Arriano *Anábase de Alexandre*.

que esta é a morte púrpura⁹⁰ de Homero⁹¹. A partir de então, ele ganhou Alexandre como inimigo. Como Antígono⁹² era o rei caolho da Macedônia⁹³, incorreu em desmedida cólera quando foi atacado por sua deficiência. Porque o seu chefe dos cozinheiros Eutrópio⁹⁴ ocupava altos cargos, julgou-o digno para enviá-lo à presença dele [Teócrito] para dar e receber esclarecimentos. Após declarar-lhe isso, tendo-o procurado muitas vezes, Teócrito disse: "Bem sei que queres dar-me cru ao Ciclope"⁹⁵,

---

⁹⁰ Homero, Ilíada, V, 82.

⁹¹ Poeta épico grego a quem é atribuída a autoria dos versos em hexâmetro dactílicos da Ilíada e da Odisseia. Estudos realizados sobre a cronologia de suas obras nos trazem informações de que datam dos séculos XII a IX a.c.

⁹² Antígono Monoftalmo, isto é, "de um olho só", 381-301 a.c., um dos diádocos de Alexandre, que instituiu a dinastia dos Antigônidas na Macedônia.

⁹³ Situada ao norte da Grécia, vizinha da Trácia, é uma região conhecida por ser o berço dos generais Filipe II e Alexandre, o Grande, e do filósofo Aristóteles.

⁹⁴ Habilidoso cozinheiro de Antígono Monoftalmo; de outro modo, tal episódio foi registrado por Plutarco em Assuntos de Banquetes, 633C.

⁹⁵ Na Odisseia de Homero, canto IX, versos 106 e ss., os ciclopes são seres gigantescos, de colossal força física, tinham apenas um olho, habitavam em cavernas, portanto, desconheciam as regras vigentes em um sistema políade, o que os aproximavam dos animais selvagens. Sobre a relação entre a

e um insultou porque era deficiente, e o outro porque era açougueiro. E aquele disse: "Eis porque não terás tua cabeça, mas, por essa tagarelice e loucura, receberás tua senteça", e anunciou o dito pelo rei, que mandou buscar Teócrito para eliminá-lo.

Ao lado de tudo isso, o que é mais sagrado...[96] é habituar as crianças a dizer a verdade; mentir convém aos escravos, é digno de ser odiado por todos os homens, nem é perdoável aos escravos moderados.

15. Falei sobre a prudência e a decência das crianças, não hesitando, nem duvidando disso. Sobre o que vou dizer, estou duvidoso e incerto, inclino-me para cá e para lá, porque, como os lados da balança, não posso pender para ne-

---

ausência de cidade e a condição selvagem, consultar ainda Aristóteles, *Política*, onde afirma que o *ho ánthōpos phýsei politikón dzóion*, (ὁ ἄνθρωπος φύσει πολιτικὸν ζῷον), isto é, "o homem é um animal político por natureza", e o que vive fora do sistema políade, *è̄ thēpíon è̄ theós*, (ἢ θηρίον ἢ θεός), isto é, "ou é uma fera ou um deus" (1253a).

[96] Lacuna do manuscrito.

nhum deles, e muito hesito pelo início e o desvio do assunto. Contudo, deve-se ser ousado para dizer isso. O que é isso, então? Se os amantes das crianças devem ser permitidos de estar em contato e conviver com elas, ou, pelo contrário, convém que sejam contidos e afastados de sua companhia? Quando presto atenção em pais severos e seus hábitos amargos e austeros, que consideram que não é tolerável a insolente companhia dos amantes das crianças, cuido para ser introdutor e conselheiro disso. Quando de novo reflito sobre Sócrates, Platão, Xenofonte[97], Ésquines[98] e Cebes[99], e em todo o coro de homens que aprovavam os viris amantes,

---

[97] Escritor ateniense, 430-355 a.C., foi discípulo de Sócrates, a quem dedicou sua *Apologia de Sócrates*. Xenofonte escrevia em concomitância com suas funções militares na cavalaria de Atenas, dado que revela sua origem rica, pois deveria arcar com os custos da manutenção de suas armas e cavalo; contudo, lutou não somente ao lado dos espartanos, como mercenário, como ao lado dos persas. Na batalha de Coroneia, em 394 a.C., lutou contra os atenienses pelo lado espartano, fato que lhe custou o exílio.

[98] Amigo e discípulo de Sócrates, Diógenes de Laércio traz alguns dados sobre Ésquines em *Vidas e Doutrinas dos Filósofos Ilustres*, II, 60-64.

[99] Igualmente amigo e discípulo de Sócrates, consultar Diógenes de Laércio, *Vidas e Doutrinas dos Filósofos Ilustres*, II, 125.

que conduziram os adolescentes à educação, ao governo do povo e às virtudes dos hábitos, outra vez, outro me torno e me curvo ao zelo desses homens. Por eles, testemunha Eurípides, assim dizendo:

> Mas há um outro amor entre os mortais,
> o da alma justa, prudente e boa.[100]

Não se deve negligenciar a amálgama feita por Platão com seriedade e brincadeira. Ele diz que se deve alcançar os que excelem, se quiserem ser estimados pelos belos. De maneira geral, convém excluir os que desejam a juventude e aprovar os amantes da alma. Devem evitar os amantes de Tebas[101],

---

[100] Nauck, *Trag. Graec. Frag.*, n. 328, da peça perdida de Eurípides intitulada *Teseu*.

[101] Cidade grega localizada na península do Peloponeso. Vários mitos advinham dessa cidade, mas o mais famoso está na peça de Sófoles, *Édipo Rei*, de 427 a.C., que relata os infortúnios de um filho que mata seu pai, casa-se com sua mãe e tem filhos com ela, cujo desfecho é narrado pelas peças *Édipo em Colono* e *Antígona*, que completam a trilogia.

12A · Élide[102] e Creta[103], pelo chamado estupro; devem emular os de Atenas[104] e Lacedemônia[105]. E é dever das crianças imitá-los.

16. Sobre isso, que cada um se convença por si mesmo. Dado que já falei sobre o bom comportamento e a disciplina das crianças, mudarei, agora, para a juventude dos adolescentes, absolutamente pouco declarando. Muitas vezes, acusei os causadores dos costumes perversos, os que colocam seus filhos sob o mando de pedagogos e professores e permitem que a dissolução governe o ímpeto dos adoles-
12B · centes, devem antes tomar mais precaução e vigilância sobre

---

[102] Região cuja capital é Pirgos, conhecida por ser rica em rios, como o Erimanto e o Alfeu, localizada na Península do Peloponeso, fronteira com a Arcádia.

[103] Ilha grega de maior dimensão territorial, situada ao sul do Mar Egeu. Célebre por ter sido o local em que Reia escondeu Zeus, para que não fosse engolido por seu pai, Crono. Coribantes, sacerdotes da deusa, encarregavam-se de fazer barulho para encobrir o choro do recém-nascido e não despertar a atenção de Crono.

[104] Cidade localizada na região Ática, como sua capital, conheceu seu auge no século V a.C.

[105] Região do Peloponeso, cuja capital era Esparta.

isso com os adolescentes que com as crianças. Quem não sabe que as pequenas faltas das crianças são perfeitamente curáveis, semelhante aos descasos com seus pedagogos, também a impostura e a insurdescência com seus professores.

As injustiças dos que já estão na adolescência, muitas vezes, tornam-se monstruosas e maléficas, como insaciedade gástrica, roubo das riquezas paternas, jogatinas, algazarras, bebedeiras, amores pelas virgens e sedução de mulheres casadas. Portanto, convém conter e aprisionar os ímpetos deles pelos desejos. A sua fase adulta é pródiga de prazeres e indisciplinada, necessita de rédea, tal como os [pais] que

12C· não se inquietam vigorosamente com esse tempo da vida, pela irreflexão, escapando que lhes permitem as injustiças. Os pais ciosos deveriam, então, na ocasião mais oportuna, vigiar e estar despertos, para que os rapazotes sejam prudentes, porque foram ensinados, tratados com promessas, requisitados, aconselhados, assumidos e lhes foram apontados os exemplos dos que foram abalados pela afeição à volúpia com suas vicissitudes, e os dos que preservaram a boa

reputação pela louvável constância. Como se os princípios
da virtude fossem dois: a esperança da honra e o temor do
12D· castigo; aquela volta os mais impetuosos para os mais belos
assuntos das regras de conduta, e esse conduz os relutantes
para os males dos seus atos.

17. Em geral, convém afastar as crianças da convivência
dos homens maldosos; pois elas carregam consigo alguma vileza deles. Pitágoras também declarou isso por um enigma
que eu interpretei e explicarei; pois isso concorre com muito
peso para a aquisição da virtude. Tal é: "Não degustar melanuro"[106], isso para dizer que não gaste seu tempo com homens negros, por sua malícia. "Não passar por cima da
balança", isso para dizer que se deve fazer um discurso muito
mais pela justiça, não passar por cima dela. "Não sentar na
quénice"[107], que se deve evitar a inatividade e ser precavido,

---

[106] Literalmente "de cauda negra", nome dado a uma espécie de peixe marinho.

[107] Medida grega utilizada para pesar trigo ou cevada, algo próximo a 450 g cada.

12E · para nos provermos com o alimento necessário. "Não dar sua mão direita a qualquer um", não em vez de precisar reconciliar-se prontamente. "Não portar anel apertado", que deve se preocupar com a liberdade de sua vida, não colocá-la em nenhuma prisão. "Não atiçar fogo com ferro", não em vez de incitar à cólera quem está irritado; pois isso não convém, mas abrandar os encolerizados. "Não comer coração", que não perturbe sua alma com preocupações, porque ela se cansa. "Abster-se das favas", que não se deve participar da política; pois outrora eram escolhidos por meio de favas, e as

12F · votações colocavam termo aos seus comandos. "Não jogar comida no urinol", indica que não convém lançar um discurso citadino para uma alma perversa; pois o discurso é um alimento do pensamento, e a perversidade desses homens o torna impuro. "Não se volte quando chegar ao seu limite", isto é, quando formos morrer e virmos mais próximo o termo de nossas vidas, suportar com satisfação e não esmorecer.

Retornarei ao argumento do meu discurso inicial; entre todas as coisas que disse, deve-se afastar as crianças das perversidades dos homens, sobretudo, dos bajuladores.

13A · Continuarei com aquilo que, com frequência, digo a muitos pais, e agora direi: nenhuma raça é mais funesta, intensa e rápida em aniquilar os jovens que a dos bajuladores, eles arruínam as raízes paternas e filiais, tornando dolorosa sua velhice, moldando sua juventude; isca incauta dos conselhos, porque são inclinados ao prazer. Entre os ricos, os pais exortam as crianças a serem sóbrias; aqueles, ébrias; estes, prudentes, aqueles, licenciosas; estes, poupadoras, aqueles, perdulárias; estes, trabalhadoras, aqueles, indolentes. Dizem que "a vida é toda um instante de tempo. E
13B · convém viver, não desperdiçar a vida"[108]. Por que devemos nos preocupar com as ameaças dos pais? "É um velho tolo e de aspecto espectral, se nós imprecarmos pela sua ascensão, mais rápido o enterraremos." É alguém que paga prostituta e prostitui a esposa, saqueia e devasta os recursos dos

---

[108] Adaptação de uma comédia desconhecida, de acordo com Kock, *Comicorum Atticorum Fragmenta*, Leipzig, 1884, III, p. 643.

pais para sua velhice. A raça é ímpia, fingidores de amizade, inexpertos em liberdade de expressão, bajuladores dos ricos e depreciadores dos pobres, são os que trazem a arte lírica para os jovens; quando estes gargalham, são eles que os alimentam com sorrisos falsamente apresentados à alma; bastardos em seu quinhão de vida, vivem pela aprovação dos ricos, são livres por sorte, mas escravos por escolha; quando

13C· não são ultrajados, pensam que foram ultrajados, porque são sustentados em vão. De modo que, se cada um dos pais cuidar da boa educação de seus filhos, devemos expulsar essas criaturas nefastas, devemos expulsar as perversidades de seus condiscípulos; pois esses são capazes de destruir as naturezas mais sensatas.

18. Portanto, isso são as coisas belas e vantajosas. Vou falar sobre a natureza humana. Retomando, eu próprio não julgo digno os pais, quanto à natureza, serem rudes e rigorosos; mas, em muitos casos, ceder a alguns erros mais por gentileza, recordar que eles próprios foram jovens. Como os

13D · médicos, após misturarem os compostos amargos dos remédios com sabores doces, descobriram o agradável no caminho conveniente, assim devem os pais misturar a severidade dos condenadores com a complacência, ora permitir os desejos das crianças e soltar suas rédeas, ora de novo resistir-lhes, sobretudo, suportar com bom humor os seus erros; senão, na ocasião em que estiverem encolerizados, rapidamente se acalmar. O pai deve ser mais rigoroso que opressor, porque isso é uma grande prova de hostilidade e de intratável ódio pelo filho. É belo parecer que não viu um dos seus erros, antes a

13E · dificuldade de audição e a vista fraca da velhice reverter para o ocorrido, como se não tivessem visto que viram alguns de seus atos, nem ouvido o que ouviram. Suportamos as coisas erradas dos amigos; por que nos espantar com as dos filhos? Muitas vezes, não apontamos a embriaguez dos escravos beberrões. Um dia poupa, mas também esbanja; um dia imponha, mas também compreenda. Quando um dia enganado pelo escravo doméstico; contenha sua cólera. Um dia ele retirou o jugo do campo, certa vez veio exalando bebida de ontem, ignora-o; veio cheirando unguento, silencia. Assim, doma-se uma juventude irriquieta.

19. Devem experimentar conter com o casamento os fracos pelos prazeres e os desobedientes aos castigos, pois é essa a corrente mais segura para os jovens. Devem dar em matrimônio aos seus filhos mulheres nem muito mais nobres, nem ricas; pois isto é sábio: "escolha uma como tu"[109]. Porque aos homens que não aceitam as mulheres, e sim os maiores dotes, para serem mais poderosos, escapa-lhes que se tornam escravos dos dotes. Acrescento ainda alguns breves assuntos e concluirei meus preceitos. Antes de tudo, os pais em nada devem errar com eles, mas em tudo o que for preciso se tornar brilhantes, apresentar-lhes seus exemplos, para que, durante a vida deles, tal como olhando para um espelho, desviem-se das palavras e ações vergonhosas. Como

---

[109] Diógenes de Laércio, em *Vidas e Doutrinas dos Filósofos Ilustres*, I, 4, relata que Pítaco proferiu essa sentença, que também é explicada por Calímaco em *Epigrama*, I; consultar *Antologia Palatina*, VII, 89.

os que condenam seus filhos quando erram, porque caíram nos mesmos erros, esquecem que acusam a si mesmos em nome daqueles. Em suma, porque vivem com baixeza, nem portam a liberdade de expressão para condenar seus escravos, nem algo aos seus filhos.

14B · À parte disso, seriam professores e conselheiros de injustiças. Onde os velhos são desavergonhados, ali é forçoso que os jovens sejam despudorados. Devem tentar dedicar-se a tudo o que for conveniente para a moderação de seus filhos, emulando Eurídice[110], que era ilíria e tribárbara, apesar disso, em idade avançada, engajou-se na instrução de seus filhos. Com grandeza, demonstrou seu afeto a seus filhos com este epigrama que ofertou às Musas:

Eurídice, cidadã de Hirra[111], *esta oferenda*
14C · *às Musas, com alma, porta o desejo de consagrar.*

---

[110] Mãe de Amintas da Macedônia, pai de Filipe II, portanto, avó paterna de Alexandre, o Grande.

[111] Cidade da Ilíria, região ao norte dos Balcãs.

As letras memoráveis dos discursos, por ser mãe de crianças em adolescência, esforcei-me para aprender.

Por um lado, com justiça, é uma ação louvável abraçar todas as coisas prescritas com exortação; por outro, emular as grandiosas. Para isso, é necessário boa sorte e muito cuidado, portanto, é algo factível de se estabelecer na natureza humana.

Bibliografia

Edições e traduções

PLATÃO. *A República*. Tradução de Maria Helena da Rocha Pereira. Lisboa: Fundação Calouste Gulbenkian, 1993.

PLATÃO. *As Leis, ou da legislação e epinomis*. Tradução e notas de Edson Bini. São Paulo: Edipro, 1999.

PLUTARCH. *Advice to bride and groom*. *Moralia*. v. II. Translated by Frank Cole Babbitt. Cambridge/Massachusetts/London: Harvard University Press, 2003.

PLUTARCH. *How the young man should study poetry*. *Moralia*. v. I. Translated by Frank Cole Babbitt. Cambridge/Massachusetts/London: Harvard University Press, 2005.

PLUTARCH. *Life of Demetrius*. *Lives*. v. IX. Translated by Bernadotte Perrin. Cambridge/Massachusetts/London: Harvard University Press, 2005.

PLUTARCH. *On moral virtue. Moralia.* v. VI. Translated by William C. Hembold. Cambridge/Massachusetts/London: Harvard University Press, 1978.

PLUTARCH. *The education of children. Moralia.* v. I. Translated by Frank Cole Babbitt. Cambridge/Massachusetts/London: Harvard University Press, 2005.

PLUTARCO. *Da educação das crianças.* Tradução do grego, introdução e notas de Joaquim Pinheiro. Coimbra: Centro de Estudos Clássicos e Humanísticos, 2008.

Livros e artigos

AMPOLO, Carmine. La paideia degli eroi fondatori – l'educazione e la giovinezza nelle vite di Teseo e di Romolo. In: José Ribeiro Ferreira (coord.) *Atas do Congresso Plutarco Educador da Europa, 11 e 12 de novembro de 1999.* Coimbra: Fundação Eng. António de Almeida, 2002, p. 281-292.

FLACELIÈRE, Robert; IRIGON, Jean. Introduction générale. In: *Plutarque: ouvres morales.* Tome I, 1re partie. Paris: Belles Letres, 1987, p. VII-CCCXIX.

FRAZIER, Françoise. *Histoire et morale dans les vies parallèles de Plutarque.* Paris: Les Belles Lettres, 1996.

FROIDEFOND, C. Plutarque et platonisme. *ANRW*, Band. 36.1, p. 185-233, 1987.

RAWSON, Elisabeth. *Intellectual life in the late Roman Republic*. London: Duckworth, 1985.

SIRINELLI, Jean. Notice. In: *Plutarque: ouvres morales – De l'education des enfants*. Tome I. Paris: Belles Lettres, 1987, p. 3-33.

ZIEGLER, Konrat. Plutarchos von Chaironeia. *Paulys Real-Encyclopädie der Classischen Altertumswissenschaft*. Stuttgart: Verlag, 1951, cols. 636-962.

Este livro foi impresso pela Paulus Gráfica
em fonte Minion Pro sobre papel Pólen Bold 90 g/m²
para a Edipro no verão de 2021.